AF234477

# CATALOGUE

D'UNE

PRÉCIEUSE COLLECTION

DE

# TABLEAUX

## DES ÉCOLES

### ITALIENNE, ESPAGNOLE, FLAMANDE ET FRANÇAISE,

DONT LA VENTE AURA LIEU AUX ENCHÈRES PUBLIQUES

Par suite du décès **DE S. A. R. LE PRINCE PAUL DE WURTEMBERG**

EN SON HOTEL,

*Place Vendôme, n. 19,*

LE MERCREDI 21 JUILLET 1852,

à une heure,

Par le ministère de M<sup>e</sup> **MALARD**, Commissaire-Priseur,

41, rue de la Fontaine-Molière,

Assisté de M. **FERDINAND LANEUVILLE**, Expert

73, rue Neuve-des-Mathurins.

*Chez lesquels se distribue le présent Catalogue.*

---

## EXPOSITION DE MIDI A 5 HEURES.

PARTICULIÈRE. — *Le Samedi 17 Juillet 1852.*
PUBLIQUE. — *Le Dimanche 18 Juillet 1852.*

---

# PARIS

IMPRIMERIE ET LITHOGRAPHIE MAULDE ET RENOU,

rue des Fossés Saint-Germain-l'Auxerrois, 14.

**1852**

# CATALOGUE

D'UNE

PRÉCIEUSE COLLECTION

DE

# TABLEAUX

## DES ÉCOLES

### ITALIENNE, ESPAGNOLE, FLAMANDE ET FRANÇAISE,

DONT LA VENTE AURA LIEU AUX ENCHÈRES PUBLIQUES

Par suite du décès DE S. A. R. LE PRINCE PAUL DE WURTEMBERG,

EN SON HOTEL,

*Place Vendôme, n. 19,*

LE MERCREDI 21 JUILLET 1852,

à une heure,

Par le ministère de M<sup>e</sup> MALARD, Commissaire-Priseur,
41, rue de la Fontaine-Molière,
Assisté de M. FERDINAND LANEUVILLE, Expert
73, rue Neuve-des-Mathurins.
*Chez lesquels se distribue le présent Catalogue.*

EXPOSITION DE MIDI A 5 HEURES.

PARTICULIÈRE. — *Le Samedi 17 Juillet 1852.*
PUBLIQUE.    — *Le Dimanche 18 Juillet 1852.*

## PARIS

IMPRIMERIE ET LITHOGRAPHIE MAULDE ET RENOU,
rue des Fossés Saint-Germain-l'Auxerrois, 14.

1852

# CONDITIONS DE LA VENTE.

Elle sera faite au comptant.

Les acquéreurs paieront, en sus des adjudications, cinq pour cent applicables aux frais de vente.

~~~~~~~~~~~~~~~

## Ce Catalogue se distribue :

### A PARIS

Chez MM. les Commissaire-Priseur et Experts chargés de la Vente.

### A L'ÉTRANGER

| | |
|---|---|
| LONDRES . . . . . . . | { NIEUWENHUYS<br>MAWSON, 3, BERNERS-S-OXFORD. ST. |
| BRUXELLES. . . . . . . | LEROI, EXPERT DU MUSÉE-ROYAL. |
| AMSTERDAM . . . . . . | BRONDGHEEST. |
| VIENNE . . . . . . . | ARTARIA ET Cie. |
| BERLIN . . . . . . . . | REIMER. |
| MUNICH . . . . . . . | BRULLIOT, CONSERVATEUR DU MUSÉE. |
| SAINT-PÉTERSBOURG. . . | VAN REGMORTER. |
| FLORENCE. . . . . . . | RICHARD. |
| LYON . . . . . . . . | HAET, MARCHAND D'ESTAMPES. |
| LILLE. . . . . . . . | TANCÉ PÈRE. |
| ROUEN. . . . . . . . | BILLARD, MARCHAND DE CURIOSITÉS. |
| MARSEILLE. . . . . . | PETIT-BERGONZ. |
~~~~~~~~~~~~~~~

# AVERTISSEMENT.

N'ayant pu être en relation directe avec les héritiers
du Prince Paul de Wurtemberg, nous croyons conve-
nable de nous conformer à la notice faite par le Prince
lui-même ; nous respectons donc toutes les attributions
qu'il donnait à ses Tableaux, en rappelant qu'il les avait
payés un prix considérable.

Nous espérons que la réputation de cette collection
suffira pour attirer à Paris les amateurs étrangers ; nous
avions si peu de temps devant nous, que nous n'avons
pu donner à notre catalogue le développement néces-
saire à une vente de cette importance.

# DÉSIGNATION
# DES TABLEAUX

### ALLEGRAIN.

**1 — Le Christ rencontrant les disciples d'Emaüs.**

Magnifique paysage dans la manière du Poussin.

### ANTONIO DE MESSINE.

**2 — Portrait d'homme.**

Ses grands cheveux tombent sur ses épaules ; il est coiffé d'une toque noire.

### ARTOIS (Van).

**3 — Paysage.**

A droite des arbres des terrains éboulés, à gauche une route conduisant à un village et sur laquelle on voit un voyageur ; sur le premier plan une mare, un chien s'y désaltère.

### BAROCHE.

**4 — Sainte-Famille.**

La Vierge assise puise de l'eau dans une coupe, derrière elle saint Joseph cueille des cerises et les offre à l'Enfant-Jésus. Rond.

### BELIN (J.).

**5 — La Vierge, entourée de deux apôtres, tient l'Enfant-Jésus endormi sur des coussins.**

## BRONZINO

**6 — Portraits de deux époux.**

La femme est assise près d'une table et tient un livre; son mari, debout à côté d'elle, pose sa main sur son épaule.

## CARRACHE (A.).

**7 — Figure allégorique.**

D'une grande correction de dessin.

## CHAMPAIGNE (Ph. de).

**8 — Portrait de l'abbé de Saint-Cyran.**

Il est vêtu d'un surplis blanc.

## CRANACH (L. 1537).

**9 — Portraits d'un prince et d'une princesse de la maison de Saxe.**

## CUYP (daté 1639).

**10 — Portrait d'un Bourgmestre.**

Il est vêtu de noir avec une large collerette, il a la tête nue, sa main gauche est appuyée sur sa hanche et il tient ses gants de l'autre main.

## DU MÊME.

**11 — Portrait de la femme du Bourgmestre.**

Elle est habillée de noir avec une collerette et un bonnet blancs, de la main droite elle tient un mouchoir et de l'autre un trousseau de clefs.

## DU MÊME.

**12 — Diane et Actéon.**

## DEHEEM.

**13 — Une corbeille remplie de raisins, de prunes et de pêches, est posée sur une table, un plat d'argent, quelques huîtres et des citrons complètent cette composition.**

Tableau d'une grande vérité et d'une superbe exécution.

## DU MÊME.

**14** — Même sujet.

Pendant du précédent.

## DOMINIQUIN.

**15** — Paysage.

A travers une arcade formée par un rocher, on aperçoit la campagne, d'une autre ouverture s'échappe un torrent. Rond.

## DU MÊME.

**16** — Pendant du précédent.

Ces deux tableaux sont ornés de très jolies figures.

## DURER (Albert).

**17** — Son portrait.

## EYCK (J. Van).

**18** — Portrait d'un roi avec sa suite.

## FRA BARTOLOMMÉO.

**19** — Le mariage de sainte Catherine.

L'Enfant-Jésus assis sur les genoux de sa mère tient l'anneau à la main, la sainte s'approche pour le recevoir.

## GAROFOLO

**20** — La Sainte-Vierge, les mains jointes, est à genoux devant l'Enfant-Jésus endormi ; un ange, près de lui, tient la couronne d'épines ; placé derrière eux, saint Joseph les regarde ; dans le haut du tableau, des anges sur des nuages tiennent les instruments de la passion.

## DU MÊME.

**21** — L'Adoration des Bergers.

## GREUZE.

**22** — Jeune fille couchée, le sein découvert.

## GUERCHIN.

**22 bis.** — Suzanne surprise par les vieillards, dont l'un lui fait signe de garder le silence.

Le corps de la femme est bien dessiné et bien peint.

## GUIDE.

**23** — La mort de Cléopâtre.

Nous recommandons ce tableau à MM. les amateurs.

## HOLBEIN (J.).

**24** — Portrait de Henri VIII, roi d'Angleterre.

Il est debout, vêtu d'une robe garnie de fourrure, il tient un livre de la main droite et ses gants de la main gauche.

## DU MÊME.

**25** — Un évêque offrant le saint sacrifice.

Plusieurs personnages, des cierges à la main, assistent à cette cérémonie.

## DU MÊME.

**26** — Portrait d'homme à barbe blonde.

Il est coiffé d'une toque noire et vêtu d'une robe garnie de fourrure, il tient un chapelet à la main.

## JORDAENS (J.).

**27** — Bacchanale.

Sylène ivre est soutenu par des Satyres.

## LAURI (Ph.).

**28** — Saint Jérôme dans le désert.

Il est en prière, des chérubins voltigent autour de lui.

## LOIR (N).

**29 — Sainte-Famille.**

La Vierge assise dans un paysage tient dans ses bras l'Enfant-Jésus qui embrasse saint Jean prosterné à ses pieds, sainte Anne est près d'eux ; plus loin on aperçoit saint Joseph et un ange.

Tableau exécuté dans la manière du Poussin.

## LUINI (B).

**30 — L'Enfant-Jésus, assis sur sa mère, tient de la main droite un papillon et de l'autre des cerises.**

## MOLA (F).

**31 — Le Christ, une bêche à la main, apparaissant à Madeleine qui se prosterne devant lui ; des anges voltigent au-dessus d'eux.**

## MOUCHERON.

**32 — Paysage.**

Plusieurs voyageurs cheminent sur une route.

## MURILLO.

**33 — L'Ange gardien.**

Il montre le ciel à un enfant qu'il tient par la main.

## DU MÊME.

**34 — La Madeleine, enveloppée de ses magnifiques cheveux, lève les yeux vers le ciel et semble l'implorer, elle est appuyée sur un rocher et tient une tête de mort.**

## PALME (le vieux).

**35 — Déposition de croix.**

Le Christ est soutenu par les saintes femmes.

## PARMESAN.

**36 — Repos de la Sainte-Famille.**

L'Enfant-Jésus près de la Sainte-Vierge tient dans ses mains des fruits que des anges lui cueillent dans le fond, saint Joseph fait désaltérer son âne.

## PERINO DEL VAGA.

**37 — Un Amour.**

## POUSSIN (N).

**38 — Le Triomphe d'Amphitrite.**

## RICKAERT (D).

**39 — Intérieur d'un Savetier.**

Près de lui, sa femme file; dans le fond du tableau, quelques paysans se chauffent.

## ROMAIN (JULES).

**40 — Sylène couché sur le dos et soutenu par une Nymphe, présente une coupe à un Satyre qui vient de lui arracher son masque.**

Le Sylène est le portrait de Léon X.

## RUBENS

**41 — Paysage.**

Des paysans font désaltérer leurs troupeaux dans un étang, à droite de hautes montagnes boisées.

## SALAINO (ANDREA).

**42 — Jésus-Christ et ses disciples.**

## SALVATOR ROSA.

**43 — Vue prise à Tivoli.**

Le torrent s'élance des montagnes et vient former diverses cascades sur le premier plan.

Tableau énergiquement touché et d'une belle couleur.

## DU MÊME.

**44 — Pendant du précédent.**

## SASSO FERRATO.

**45 — La Vierge assise tient l'Enfant-Jésus dans ses bras.**

Belle composition inspirée de Raphael.

## SNAYERS.

**46 — Marche d'armée.**

## TITIEN.

**47 — Baptême de Notre-Seigneur.**

Saint Jean verse l'eau sainte sur la tête de Jésus, des anges et un peuple nombreux assistent à cette scène.

## DU MÊME.

**48 — L'Enfant-Jésus, assis sur la Sainte-Vierge, offre une pomme à un personnage placé devant lui.**

## THULDEN (Van).

**49 — Les quatre Éléments.**

Exécuté dans la manière de Rubens.

## VÉLASQUEZ.

**50 — Renaud et Armide.**

Renaud est assis devant Armide et lui présente un miroir pendant qu'elle arrange sa chevelure, près d'eux un Amour tire une flèche de son carquois.

## VÉRONÈSE (Paul).

**51 —** Hériodade tenant la tête de saint Jean sur un plat, sa suivante l'accompagne.

Tableau d'un beau style et d'une fort belle couleur.

## DU MÊME.

**52 —** Le départ d'Adonis pour la chasse.

La déesse est assise et cherche à le retenir, un Amour s'apprête à lui lancer une flèche.

## VINCI (Léonard de).

**53 —** Sainte Catherine.

Elle est debout, les mains jointes, près d'elle on voit la roue, instrument de son martyre.

---

Les Appartements qu'occupait S. A. R le Prince de Wurtemberg, dans l'Hôtel, place Vendôme, n° 19, ensemble les écuries, remises et autres dépendances, sont à louer de suite.

Paris. — Imprimerie et Lithographie Maulde et Renou, rue des Fossés-Saint-Germain-l'Auxerrois, 14.            1903